• 과학 교과서 관련 •

3학년 1학기
2. 물질의 성질

3학년 2학기
4. 물질의 상태

글 서지원

한양대학교를 졸업하고 《문학과 비평》에 소설로 등단해, 지식과 교양을 유쾌한 입담과 기발한 상상력으로 전하는 이야기꾼입니다. 지식 탐구 능력과 창의적인 문제 해결 능력을 스토리텔링으로 풀어낸 책 300여 종 중에서 중국, 대만 등에 수십 종의 책이 수출되었고, 서울시 올해의 책, 원주시 올해의 책, 문화체육관광부와 한국도서관협회가 뽑은 우수문학도서 등에 선정되었습니다. 2009 개정 초등 국정 교과서와 고등 모델 교과서를 집필했고, 초등학교 4학년 2학기 국어 교과서에 동화가 수록되었습니다. 쓴 책으로는 《빨간 내복의 초능력자 (시즌 1~2)》《마지막 수학전사 1~5》 등이 있습니다.

그림 이진아

'십만원영화제'의 포스터 디자인을 시작으로 여성영화제, 인디다큐페스티발, 인디애니페스트 등 다양한 문화제와 영화제의 포스터를 그렸습니다. 그 밖에도 프리랜서 일러스트레이터로 다양한 작업을 하고 있습니다.
그린 책으로는 《생각이 크는 인문학》 시리즈, 《그릉 그릉 그릉》, 《나쁜 고양이는 없다》, 《빨간 내복의 초능력자 (시즌 1~2)》, 《산이 부른다 1, 2》 등이 있습니다. 작가의 인스타를 방문하시면 더 다양하고 재미있는 일상툰을 만나보실 수 있습니다.
www.instagram.com/altodito

감수 와이즈만 영재교육연구소

창의 영재수학과 창의 영재과학 교재 및 프로그램을 개발했습니다. 구성주의 이론에 입각한 교수학습 이론과 창의성 이론 및 선진 교육 이론 연구 등에도 전념하고 있습니다. 국내 최고의 사설 영재교육 기관인 와이즈만 영재교육에 교육 콘텐츠를 제공하고 교사 교육을 담당하고 있습니다.

빨간 내복의 코딱지히어로

❶ 알쏭달쏭 물질

1판 1쇄 발행 2023년 1월 10일 | 1판 2쇄 발행 2024년 11월 15일

서지원 글 | 이진아 그림 | 와이즈만 영재교육연구소 감수

발행처 와이즈만 BOOKs | **발행인** 염만숙
출판사업본부장 김현정 | **편집** 이혜림 양다운 이지웅
디자인 윤현이 | **마케팅** 강윤현 백미영 장하라

출판등록 1998년 7월 23일 제 1998-000170 | **제조국** 대한민국
주소 서울특별시 서초구 남부순환로 2219 나노빌딩 5층
전화 마케팅 02-2033-8987 | 편집 02-2033-8983 | 팩스 02-3474-1411
전자우편 books@askwhy.co.kr | **홈페이지** mindalive.co.kr | **사용 연령** 8세 이상

ISBN 979-11-90744-97-3 74400
      979-11-90744-96-6 (세트)

ⓒ 2022 서지원 이진아
이 책의 저작권은 서지원 이진아에게 있습니다.
저자와 출판사의 허락 없이 내용의 일부를 인용하거나 발췌하는 것을 금합니다.
잘못된 책은 구입처에서 바꿔드립니다.

• 와이즈만 BOOKs는 (주)창의와탐구의 출판 브랜드입니다.

초능력 과학 동화

빨간 내복의 코딱지 히어로

서지원 글 | 이진아 그림 | 와이즈만 영재교육연구소 감수

1 알쏭달쏭 물질

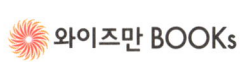

과학을 맛있게 즐기는 방법, 호기심 가득한 눈으로 세상을 봐요!

과학을 무척 좋아하는 어린이 친구가 있었어요. 하지만 학년이 올라가면서 과학과 점점 멀어지게 되었어요. 그리고 한숨을 쉬며 말했어요.

"과학은 신기하고 재미있는 놀이인줄 알았는데, 과학 수업 시간만 되면 뇌가 돌로 변하는 것 같아요. 어려운 과학 용어만 봐도 생각이 멈춰 버려요."

어렵기만 한 과학을 포기해야 할까요? 과학이 어렵게 느껴지는 건 본격적으로 과학 수업 내용에서 '암기'가 시작되는 순간부터일 거예요. 그렇다면 과학의 즐거움을 되찾을 방법은 없을까요?

과학 공부는 교과서로만 하는 게 아니에요. 우리 주변에 어디든 과학 원리가 녹아 있고, 과학 정보가 생생하게 살아 숨 쉬고 있지요. 과학과 친해지는 첫걸음은 우리 주변을 살펴보는 것에서 시작된답니다. 호기심 가득한 눈으로 세상을 바라보는 것이 바로 '관찰'이니까요. 하지만 관찰만으로는 우리의 호기심을 모두 채우지 못할 거예요. 그래서 경험이 필요하지요. 이렇게 세상을 경험하는 과정이 '실험'이랍니다. 관찰과 실험을 통해 과학적 사고력과 탐구력이 쑥쑥 자라게 될 거예요.

그리고 한 가지 더, 과학의 재미를 더해 줄 특별한 친구를 소개해 줄게요. 바로 '빨간 내복의 코딱지 히어로'랍니다. 코딱지 히어로 나유식은 실험과 관찰이 빠진 과학은, '팥이 없는 붕어빵'이라고 할 정도로 관찰과 실험을 좋아해요.

"과학은 암기가 아니야. 과학을 즐기려면 실험과 관찰을 해야 해."

방 안을 둘러보세요. 우리 주변에는 어떤 물체들이 있고 또 그 물체들은 저마다 어떤 물질로 이루어져 있나요? 유리로 만든 컵과 고무로 만든 자전거 바퀴, 플라스틱으로 만든 블록 장난감은 각각 어떤 특징이 있을까요?

유식이와 함께 호기심 가득한 눈으로 세상을 바라보고 미스터리한 사건을 해결해 보세요. 그러는 동안 자연스레 과학의 원리까지도 깨닫게 될 거예요. 그럼 모두 초능력자가 될 준비가 되었나요? 이제 악당을 잡으러 출동해 볼까요?

서지원

등장인물

나 나유식은 어느 날 별똥별을 주우면서 초능력이 생겼다. 신기하게도 과학 지식을 하나씩 깨달아 갈 때마다 초능력은 늘어 갔다. 그때 난 결심했다. 초능력을 키워 지구를 구하는 슈퍼히어로가 되겠다고 말이다. 물론 아직은 코딱지 히어로일 뿐이다. 고작 동네를 지키는 히어로는 시시하다고? 과연 그럴까? 기대해도 좋을걸? 기상천외한 모험과 스펙터클 액션이 펼쳐질 거란 말씀!

나유식

내 이름은 나유식, 별명은 너무식. 칭찬이라곤 받아 본 적 없는 말썽쟁이야. 하지만 내가 피운 말썽은 호기심 때문이라고. 난 호기심이 지독하게 많거든. 이건 비밀인데 사실 나는 아는 게 되게 많아. 단지 내가 알고 있는 것 교과서에 나오지 않아서 억울할 뿐이야.

빨간 내복의 코딱지 히어로

어느 날 하늘에서 떨어진 코딱지만 한 별똥별을 콧구멍 속에 넣은 후부터 초능력자가 되었어. 지금은 비록 우리 동네의 안전과 평화를 지키는 코딱지 히어로일 뿐이지만 언젠가 지구를 구하는 차세대 슈퍼 히어로가 될 몸이야. 사람들은 내 정체를 궁금해해. 너희도 궁금하다고? 나야 나, 나유식!

사이언스 패밀리

우리 가족은 과학으로 똘똘 뭉쳐 있어. 아빠는 발명가의 꿈을 키워 나가는 가전제품 회사의 연구원이자 유튜버지. 엄마는 고등학교 과학 선생님이야. 그리고 이건 정말 신기한 일인데, 우리 누나는 전교 1등이야. 과학 영재라나 뭐라나.

아빠　엄마　누나

공자

나와 제일 친한 친구야. 공자의 이름은 '공부를 잘하자'의 줄임말이래. 하지만 공자는 나만큼 공부를 못해. 공자에게서는 늘 좋은 냄새가 나. 바로 짜장면 냄새! 공자네 집은 중국집을 하거든. 공자네 짜장면은 세상에서 제일 맛있어.

송희주

희주는 웃는 얼굴이 예쁘고, 웃음소리가 재미있어. 그리고 똑똑해서 희주가 하는 말에는 늘 귀 기울이게 돼. 그래, 맞아. 나는 희주를 좋아해! 이건 제일 친한 친구 공자에게도 말하지 못한 비밀이야. 너희만 알고 있어야 해!

내 이름은 '나유식'. 지구에서 최고로 유식하다. 그런데 우리 반 아이들은 '너무식'이라고 부른다. '너 무식해!'의 준말이란다. 쯧쯧쯧, 하는 짓이 꼭 초딩 수준이다. 그러는 난 초딩 아니냐고? 물론 초딩이다. 하지만 내게는 엄청난 비밀이 있다. 내 진짜 능력을 알고 나면 다들 까무러칠 거다. 이 엄청난 능력을 숨겨야 하는 게 안타까울 뿐이다.

난 초능력자다. 그렇다고 태어날 때부터 초능력자는 아니었다. 어느 날 밤, 우리 집 마당에 떨어진 별똥별 때문에 초능력자가 됐다. 손가락에서 전기가 나오고 투명 인간이 되기도 했다. 눈동자로 텔레비전 채널도 휙휙 돌렸다. 다만 아직은 마음대로 초능력을 부리지 못한다. 내 초능력은 과학 지식을 하나씩 깨달아 갈 때마다 늘어 간다. 반대로 과학 지식을 제대로 알지 못하면 초능력도 깜빡깜빡한다.

난 에디슨만큼 호기심이 많다. 엄마는 왕성한 호기심이야말로 천재 과학자의 자질이라고 했다. 별똥별의 힘을 찾아낸 것도 호기심 덕분이다. 콩알 반쪽만 한 별똥별을 주워 요리조리 살폈다. 그런데 별똥별이 코딱지처럼 보여서 콧구멍에 집어넣어 보았다. 과연 별똥별은 콧구멍에 꼭 맞게 들어갔다. 그 순간 확실히 알게 되었다.
'아! 이건 콧구멍에 넣는 게 맞구나!'

난 나유식, 빨간 내복의 초능력자다. 엄마 말대로 내가 천재 과학자가 될 수 있을지 잘 모르겠다. 하지만 난 엄청난 꿈이 있다. 세상을 구할 초능력 슈퍼 히어로가 되고 싶다. 물론 그 전에 여러 가지 과학 지식을 완벽하게 갈고닦을 거다.

세상을 구하기 전에 우리 동네부터 지키기로 했다. 동네에도 수많은 위험이 있다. 악당이 공격해 오거나 외계인이 들이닥칠지도 모른다. 잠시도 한눈을 팔 수 없다. 우리 집 마당의 비밀 기지에서 동네를 살피는 건 히어로로서 중요한 일과다. 그런데 요즘 꽤 평화롭다. 평화는 좋지만, 빨간 내복이 출동할 일도 없고…… 아주 조금 심심하다.

어떤 초능력으로도 들어 올리지 못하는 것이 있다. 바로 졸릴 때 눈꺼풀. 지금도 눈꺼풀이 너무 무겁다. 아……, 눈이 스르르 감긴다.

그런데 히어로에게 잠은 중요하다. 히어로는 잘 자고 잘 먹어야 한다. 그리고 나는 어린이라 잘 자고 잘 먹어야 키도 쑥쑥 크고 튼튼해진다. 아무튼 위급한 상황에 대비해 체력 관리는 꼭 필요하다. 그래서 낮잠도 중요한 훈련이다. 게다가 믿기 어렵겠지만, 잠든 동안에도 내 모든 감각은 깨어 있다. 절대로 그냥 자는 게 아니라고…… 하아아아암.

꿈을 꾸는 걸까? 공자와 희주 목소리가 들린다. 공자와 희주는 제일 친한 친구들이다. 공자네 집은 중국집을 한다. 공자네 중국집 짜장면은 세상에서 제일 맛있다. 공자의 이름은 '공부를 잘하자'의 줄임말이지만, 나만큼이나 공부를 못한다. 그리고 희주는……, 난 희주를 좋아한다. 이건 공자도 모르는 나만의 비밀이다.

내 사랑 희주 목소리가 들리는 것 같다. '희주야……' 순간 번쩍 눈을 떴다. 엇, 꿈이 아닌가? 눈앞에 공자와 희주가 있다. 애들이 어떻게 여길 들어왔을까?

너덜너덜해진 사다리를 보니 내 마음도 와르르 무너진 기분이다. 이런 내 마음을 아는지 모르는지 공자는 두 발을 쿵쿵 굴렀다. 바닥이 덜컹거렸다.
 "여기 안전한 거야? 줄넘기라도 하면 푹 꺼질 것 같아."
 내가 공자를 말리며 안절부절 못하는 동안 희주는 비밀 기지를 둘러보았다.

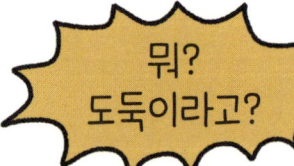

철물점 할아버지 완전 멋있어,
고철이랑 재활용품만 가지고 뚝딱뚝딱
엄청난 걸 만드시잖아!

우리 동네
토니스타크아녀~

가면
간식도 주고...

응응...

맞지맞지~
인정이지!

그치~
그치~

결국 희주와 공자, 만복이까지 함께 사건 현장으로 몰려갔다. 땡땡 금은방 사장 아저씨는 경찰들이 다녀간 사건 현장을 청소하고 있었다. 몹시 슬픈 얼굴이다. 범인을 기필코 찾아내야겠다!

"아저씨, 요 며칠 사이에 뭔가 수상하거나 특이한 일은 없었나요?"

다짜고짜 금은방 사장 아저씨를 붙잡고 단서가 될 만한 일은 뭐든 이야기해 달라고 졸랐다. 아저씨는 한참 동안 생각에 잠기더니 입을 열었다.

"평소와 다른 일이라, 내가 얼마 전에 금고를 새로 바꾼 것 말고는 없는데?"

금은방 사장 아서씨는 가게를 안전하게 지키고 싶어서 더 튼튼하고 좋은 금고로 바꾸었다고 했다. 아저씨는 이야기하는 동안에도 금방 울음을 터뜨릴 것 같았다.

"금고를 싸구려로 바꾼 게 아니라 더 좋은 거로 바꾸었다고? 어쩐지 사건이 더 복잡해지는 것 같아. 윽!"

아…나 막 머리 아프려고 해…

"그만해, 네 머리는 생각 같은 거 하면 안 돼!"

시험 기간에도 안 쓰던 걸…

그때 만복이가 왈왈 짖었다. 만복이가 향한 방향으로 트럭 한 대가 뿌연 먼지를 일으키며 다가왔다.

끼익~

응?

왈- 왈- 왈-

물질의 특성을 알아볼까?

여러 가지 물질로 만든 장갑은 저마다 쓰임새가 달라요. 장갑의 모습과 특징을 설명한 글을 올바르게 짝지어 보세요.

비닐장갑  •   • 질기고 미끄러지지 않고, 물이 들어오지 않아.

고무장갑  •   • 질기고 부드러우며, 바람이 들어오지 않아.

털장갑  •   • 투명하고 얇고, 물이 들어오지 않아.

가죽장갑  •   • 부드럽고 따뜻해.

우리 주변에서 만나는 여러 가지 물질의 성질과 쓰임을 생각해 봐!

난 꽃순 삼촌에게 땡땡 금은방에서 일어난 도난 사건 이야기를 했다. 순간 삼촌의 표정이 어두워졌다.

"금고를 그렇게 쉽게 여는 도둑이라니, 믿을 수 없어."

꽃순 삼촌은 이번 사건으로 금고가 잘 팔리지 않을까 봐 걱정된다고 했다. 난 삼촌에게 범인은 꼭 잡힐 테니 걱정하지 말라고 위로했다. 역시 우리 동네의 평화를 위해 빨간 내복이 나설 때가 왔다.

범인은 작은 단서조차 남기지 않았다. 그렇게 사건을 해결하지 못한 채 며칠이 지나 버렸다. 그러던 어느 날, 경찰차 여러 대가 줄지어 지나가는 걸 보았다. 난 이상한 낌새를 느꼈고, 경찰차가 움직인 방향을 따라 서둘러 쫓아갔다. 물론 희주와 공자도 내 뒤를 따랐다. 과연 별별 은행에서 사건이 있었다.

난 까치발을 하고 안쪽을 기웃거렸다. 경찰 아저씨들의 표정이 심각했다. 엄청난 사건이라는 걸 직감으로 알 수 있었다. 경찰 아저씨는 무서운 표정으로 다가와 우리를 쫓아내려고 했다.

그 순간 익숙한 목소리가 들렸다.

강력 1반 특수형사 오금순 아저씨다. 우연히 우리 집 앞에서 잠복 수사를 하던 형사 아저씨와 꽤 끈끈한 우정을 나누었었다. 난 큰 소리로 아저씨를 불렀다.

역시 아저씨도 단번에 날 알아봤다. 난 아저씨에게 사건 현장을 좀 둘러보게 해 달라고 부탁했다. 희주와 공자도 거들었다.

우여곡절이 있었지만 오금순 형사 아저씨 덕분에 별별 은행 안을 둘러볼 수 있게 됐다. 안으로 들어가자 텅 빈 금고가 눈에 들어왔다. 은행장 아저씨는 금고 앞에 주저앉아 흐느끼고 있었다.

오금순 형사 아저씨는 은행장 아저씨를 달래며, 범행 장면이 찍힌 CCTV를 확인해 보자고 했다.

형사 아저씨가 CCTV를 모니터에 연결했다. 나도 아저씨 옆에 바짝 붙어 범인의 모습을 놓치지 않으려고 집중했다.

너무 놀라 눈이 튀어나올 뻔했다. CCTV 영상 속에서 금속 가면과 갑옷 차림의 도둑이 은행 안으로 저벅저벅 들어오더니 곧장 금고 앞으로 향했다.

그리고 금고 잠금 장치에 뭔가를 갖다 댔다.

순간 마법처럼 금고에 구멍이 뚫렸고, 도둑은 그 구멍에 손을 넣어 쉽게 금고문을 열었다.

도둑은 금고를 비우고 CCTV에 브이 자까지 그려 보이며 현장을 떠났다. 도둑이 떠나자마자 금고의 구멍도 사라져 버렸다.

그때 형사 아저씨가 무언가 생각이 난 듯 갑자기 소리를 지르며 휴대폰을 뒤지기 시작했다.

형사 아저씨 휴대폰 영상에도 금속 가면과 갑옷을 입은 도둑이 등장했다. 도둑이 도망치자 경찰들은 다급히 삼단봉을 휘둘렀다. 순간 퍽 하는 소리가 크게 울렸다.

삼단봉을 막아 낸 방패는 푹 찌그러졌다. 그런데 잠시 후, 놀랍게도 방패가 원래대로 돌아왔다.

익숙한 목소리가 들렸다. 돌아보니 꽃순 삼촌이었다. 은행장 아저씨가 지난주에 금고를 바꿨고, 그 금고는 꽃순 삼촌이 만들었다고 한다. 금고에 문제가 있던 건 아닌지 살피러 왔지만, 역시 금고에는 아무 문제가 없었다. 삼촌의 표정은 내내 어두웠다. 머뭇거리던 삼촌이 말을 꺼냈다.

어쩐지 형사 아저씨가 우리 대화에 집중하고 있다는 게 느껴졌다. 그때 공자가 단서를 발견했다고 호들갑 떨었다. 뭔가 덕지덕지 묻은 누런 털 한 가닥이었다.

난 털을 유심히 살폈다. 자세히 들여다보니 고구마 조각이 붙어 있었다. 색깔이나 길이도 만복이 털이 분명했다.

이 녀석들, 사건 현장의 증거를 함부로 만지다니. 이리 가지고 와라!

"뭐데요? 나도 좀 보여 주세요."

"그, 그래."

꽃순 삼촌은 반짝이는 금속 조각을 쥐고 있었다. 사건 현장에서 나온 증거를 확인하는 건 수사의 기본이다. 그런데 어쩐지 삼촌이 금속 조각을 쥐고 놓지 않으려 했다. 나는 약간의 초능력으로 힘을 키웠고, 금속 조각을 쉽게 낚아챘다.

낱말풀이퀴즈

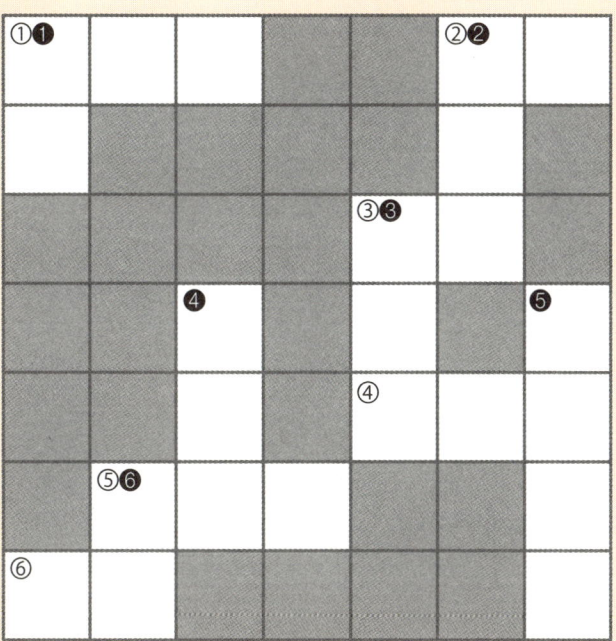

가로

① 운동 경기나 각종 대회에서 가장 높은 성적을 거둔 사람이 받는 메달이야.
② 휴지, 책, 택배 상자를 만드는 데 사용하는 물질이야.
③ 거울, 컵, 창문 등을 만들 때 사용해. 단단하고 깨지기 쉬운 물질이야.
④ 사진이나 영상을 찍는 기계야.
⑤ 만복이가 좋아하는 간식이야. 만복이는 이걸 먹으려고 유식이를 찾아와.
⑥ 의자, 책상, 연필, 야구 방망이를 만드는 데 사용하는 물질이야.

세로

❶ 반짝거리고, 나무보다 단단한 성질이 있는 금붙이와 쇠붙이를 말해.
❷ 종을 칠 때 울리는 소리야.
❸ 그리스어로 '찾았다'는 뜻이야. 기발한 생각과 기술을 가리키는 말로도 쓰여.
❹ 학용품과 사무용품 따위를 파는 상점이야.
❺ 다양한 색깔과 모양의 물체를 만들기 쉬워서 널리 사용하는 물질이야.
❻ 쉽게 구부러지고 늘어났다가 다시 돌아오는 성질이 있는 물질이야.

　가족 소개를 빠트렸다. 우리 가족은 사이언스 패밀리다. 아빠는 발명가를 꿈꾸는 가전제품 회사의 연구원, 엄마는 과학 선생님, 누나는 노력형 과학 영재다. 과학 고등학교에 가겠다고 밤낮없이 공부만 한다. 책에 나오는 공식을 줄줄 외고 성적도 좋다. 그렇지만 초능력도 없고 공부가 아닌 것들은 나보다 훨씬 모른다. 아무튼 엄마 아빠는 우리 가족이 과학으로 똘똘 뭉쳤다고 주장한다.

그날 저녁 별별 은행에서 발견한 금속 조각을 아빠에게 보여 줬다.

"아빠, 이게 뭐예요?"

아빠는 금속 조각을 요리조리 살펴보고는 대답했다.

"이 금속에 전류가 흐르면 순간적으로 열이 발생한단다."

아빠는 콧잔등 기름을 숟가락에 쓱쓱 바르고는 두 눈에 힘을 팍 주며 얍 하고 기합을 넣었다. 그리고 숟가락을 와락 움켜쥐었다. 순간 숟가락이 찌그러졌다. 아빠는 우리 집에서 가장 밥을 많이 먹지만 늘 기운이 없어서 휴일에 침대에서 일어나지 못한다. 그런 아빠가 저렇게 힘이 세지다니. 나는 입이 쩍 벌어졌다.

"수리수리 마수리!"

아빠가 촌스러운 주문을 외우며 숟가락을 물컵에 담갔다. 그러자 찌그러졌던 숟가락이 순식간에 원래 모습으로 되돌아왔다. 저렇게 촌스러운 주문으로 이런 엄청난 마법이 가능할리 없다. 이건 초능력이 분명하다.

이 정도 마법이면 조회수 좀 올라가겠지? 구독자 수도 마구 늘어나고! 하하핫!

우아, 어떻게 한 거예요, 아빠?

난 아빠의 콧구멍을 살폈다. 아빠가 혹시 내 별똥별을 가져간 것이 아닐까 싶었다. 하지만 아빠 콧구멍 속에는 코딱지만 있었다. 후유, 다행이다. 별똥별은 내 콧구멍 속에 그대로다.

OX 퀴즈

물질과 물체에 대한 설명입니다.
맞으면 O, 틀리면 X로 표시해 보세요.

- 물체를 만드는 재료를 물질이라고 해요. ☐

- 모든 물체는 한 가지 물질로만 이루어져 있어요. ☐

- 고무는 손으로 잡아당기면 쉽게 늘어나고,
  놓으면 늘어난 모습을 유지해요. ☐

- 유리는 투명하고 깨지기 쉬어요. ☐

- 금속은 쉽게 찢어지고 접을 수 있어요.
  책이나 공책을 만드는 재료예요. ☐

- 나무는 물에 뜨지 않아요. ☐

- 플라스틱은 값이 비싸서 다양한 활용이 어려워요. ☐

숟가락 마법과 치아 교정기의 비밀은 형상 기억 합금이었다. 일반적인 금속은 어떤 온도에서도 같은 모습을 유지한다. 하지만 형상 기억 합금은 특정 온도에서 지금 모습과 다른 형태로 바뀌는 성질이 있다고 한다. 누나의 형상 기억 합금 치아 교정기는 이를 가지런하게 붙잡아 주고, 아빠의 형상 기억 합금 안경테는 안경다리가 벌어지지 않도록 해 준댔다.

순간 내 머릿속에 생각이 스쳤다.

'발열체 금속은 순간적으로 열을 내는 부품이야. 형상 기억 합금이 특정 온도에서 형태를 바꾼다면……. 범인이 형상 기억 합금을 이용한 건 아닐까?'

아빠는 플라스틱과 섬유에서도 형상 기억 물질이 개발된다고 했다. 아무리 구김이 가도 말끔하게 구김이 펴지는 형상 기억 섬유가 개발되었다고 하는데, 그럼 아빠가 만든 다리미가 영영 사라지는 건 아닐까? 언젠가 더울 땐 반팔이 되고 추우면 긴팔이 되는 형상 기억 옷이 개발된다면, 엄마는 계절마다 새 옷을 사지 못해서 아쉬

울지도 모른다. 또 스스로 망가진 부분을 고치는 형상 기억 자동차가 개발되면 영화 속 장면이 현실에서 펼쳐지게 될 거다.

다음 날 공자에게서 전화가 왔다. 철물점 할아버지가 은행털이범으로 몰렸다고 한다. 나는 곧장 철물점으로 달려갔다.

'철물점 할아버지는 범인이 아니야. 히어로의 느낌은 틀린 적이 없지.'

서둘러 철물점에 도착했을 때, 할아버지는 경찰들에 뺑 둘러싸여 있었다. 난 할아버지를 좋아하지만 다짜고짜 할아버지의 결백을 주장할 수는 없다. 정신을 집중하고 초능력으로 할아버지의 속마음을 엿보았다.

'억울해. 정말 억울해. 난 도둑이 아니야.'

속마음은 거짓말을 하지 않는다. 역시 할아버지는 범인이 아니었다. 그렇게 할아버지는 경찰차를 타고 떠나 버렸다. 누명을 쓴 할아버지를 생각하니 마음이 찡 아팠다. 범인을 반드시 잡고 말 테다.

나는 공자와 희주와 함께 오금순 형사 아저씨에게 달려갔다. 형사 아저씨는 철물점 할아버지가 범인이 틀림없다고 말했다.

어째서요?

검사 결과, 은행 금고 옆에서 발견한 털이 철물점에서 키우는 개털이라는 게 밝혀졌거든. 철물점 할아버지가 한밤중에 몰래 들어와서 은행을 턴 거야.

만복이 털이 범행의 증거는 아니잖아요!
만복이는 동네 사람들을 좋아해요. 우리들에게도 꽃순 삼촌에게도 잘 안긴다고요.

철물점 할아버지의 결백을 주장했지만 형사 아저씨를 설득할 수 없었다. 초능력으로 할아버지의 속마음을 읽었다고 할 수 없으니 답답하다. 어서 빨리 진짜 범인을 잡는 수밖에 없다. 우선 할아버지가 범인이 아니라는 알리바이를 찾기 위해 철물점에 가 보기로 했다.

아쉽게도 철물점에서도 할아버지의 누명을 벗길 알리바이를 찾지 못했다. 하지만 가만히 있을 수 없다. 동네 사람들에게서 사건에 관한 이야기를 들어 보았다. 그러다 놀라운 사실을 알아냈다.

안 그래도 요즘 금고를 도둑맞는다는 소식을 듣고 불안해서 철물점 할아버지네 새 금고를 하나 샀는데!

아…

 금고에 대해서 더 조사가 필요했다. 이번에는 금고를 새로 바꾼 가게들을 일일이 찾아가 물었다.
 "새로 바꾼 금고는 안전해요? 혹시 도둑맞은 물건은 없나요?"

도둑이 든 곳의 금고는 모두 꽃순 삼촌이 만들었다는 공통점이 있었다. 삼촌은 꽃미남은 아니지만 늘 꽃처럼 활짝 웃어 주고 친절하다. 그렇게 상냥한 삼촌이 범인일 리 없지만 모든 가능성은 열어 두어야 한다. 물론 아직 확실한 증거는 없다.
'그래, 꽃순 삼촌을 감시해 보는 거야.'

난 은밀하게 꽃순 삼촌 뒤를 밟았다. 동네 어귀에서 삼촌의 트럭과 마주쳤고, 초능력을 이용해서 트럭이 가는 곳마다 놓치지 않고 따라잡았다. 얼마 후 삼촌의 트럭이 공터에 멈췄고, 트럭에서 내린 삼촌은 주변을 살피더니 뭔가를 꺼내려고 했다. 난 벽에 바짝 달라붙어서 숨죽인 채 삼촌을 지켜보았다.

주변을 둘러보며 눈치를 살피는 삼촌의 모습이 아무래도 수상쩍다. 삼촌이 숨기려는 게 뭘까?

그때 삼촌이 뭔가를 꺼내 주섬주섬 입기 시작했다. 이럴 수가, 금속 가면과 갑옷이었다. 별별은행 CCTV와 오금순 형사 아저씨 휴대폰 속 영상에서 보았던 도둑은 바로 꽃순 삼촌이었다.

오래간만의 등장이지만 빨간 내복은 역시 멋지다. 후후, 하지만 지금은 감탄할 겨를이 없다. 우리는 서로를 향해 공격 태세를 취했다. 일촉즉발의 위기가 감돌았다.

꽃순 삼촌은 주먹을 휘두르며 공격했다. 거센 공격이 이어졌지만, 난 여러 가지 물질에 대한 과학 지식을 이미 완벽하게 알아 둔 덕분에 변신 초능력을 뽐낼 수 있었다. 재빨리 몸을 고무로 바꾸어 공격에 맞섰다. 전투 과정에서 망치 주먹을 맞았지만, 형상 기억 합금의 성질처럼 회복 초능력을 발휘했다.

그리고 에너지를 끌어 모아 꽃순 삼촌을 향해 에너지 충격 파워를 날렸다. 정통으로 공격당한 꽃순 삼촌의 몸이 공중으로 붕 떠올랐고 그대로 쓰러졌다. 훗, 역시 나의 승리다. 아, 아니……. 저게 뭐야?

이럴 수가. 꽃순 삼촌의 몸은 빠르게 회복해 원래 모습으로 돌아왔다. 형상 기억 합금으로 만든 갑옷과 가면의 위력은 대단했다.

순간 아빠의 이야기가 머릿속에 번뜩 스쳐 지나갔다.

형상 기억 물질은 일정한 온도가 되면 원래의 상태로 되돌아오는 성질이야!

'그래, 온도를 이용해 보자!'

난 다시 한번 에너지를 끌어 모았다.

또 간지러운 공격을 하려는 게냐?

이번에는 기필코……

쿠오오오오~

흥! 가소롭구먼~

꽃순 삼촌이 비웃었지만 아랑곳하지 않고 정신을 집중해 두 가지 파워를 동시에 쏘았다. 하나는 냉동 파워, 또 하나는 엄청난 초강력 에너지 파워였다.

차가운 냉동 파워가 더해진 공격으로 형상 기억 합금 갑옷이 망가졌다. 꽃순 삼촌은 그 자리에 주저앉고 말았다.

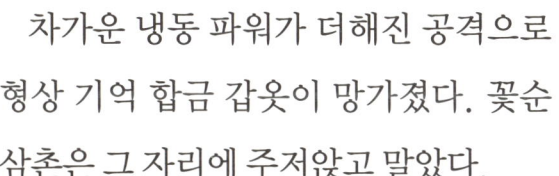

저 멀리 경찰차 사이렌이 들려왔다. 경찰이 도착하기 전에 재빨리 꽃순 삼촌을 묶었고, 빨간 내복이 아닌 원래 나유식의 모습으로 돌아왔다.

형사 아저씨는 코딱지 히어로가 누구며 왜 꽃순 삼촌을 붙잡은 건지 도통 모르겠다고 했다. 일단 조사해 보겠다며 꽃순 삼촌을 경찰서로 데려갔지만, 이대로라면 증거가 없어서 금방 풀려날 것이다.

이번엔 공자와 희주의 도움이 필요했다. 꽃순 삼촌의 비밀을 밝히기 위해 빨간 내복 대신 과학쟁이 나유식이 나서야 할 때가 되었으니까.

드라이어를 이용해 금고문에 뜨거운 바람을 쏘이자 서서히 구멍이 나타났다. CCTV 속 도둑이 그랬던 것처럼 말이다. 공자와 희주의 눈이 휘둥그레졌다. 이번에는 차가운 얼음물을 금고 위에 쏟아부었다. 곧 커다랗게 뚫린 구멍이 사라지고 원래의 금고 모습으로 돌아왔다.

영상을 확인한 오금순 형사 아저씨는 꽃순 삼촌이 만든 금고를 모조리 조사했다. 물론 철물점 할아버지는 누명을 벗고 철물점으로 돌아오게 됐다.

드디어 사건을 해결했다. 오래간만에 손바닥에 별똥별을 꺼내 놓고 가만히 들여다보았다. 별똥별은 파란빛을 띠며 빛났다. 마치 에너지가 충분히 차오른 듯한 모습이었다. 완벽하게 사건을 해결했다는 자부심으로 내 가슴도 뜨거워졌다.

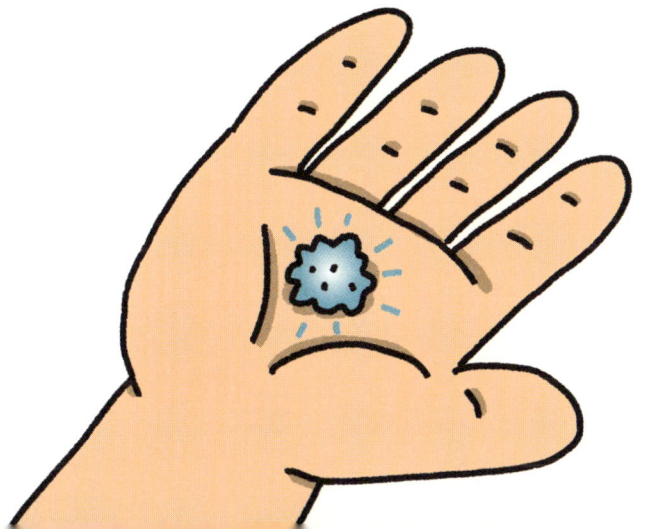

그래. 과학은 정의롭게 쓰일 때 세상을 이롭게 한다. 과학 지식이 사람들을 해치는 속임수가 되면 안 된다. 그때 나는 결심했다. 과학을 이용해 나쁜 짓을 저지르는 악당을 물리치기로! 아직은 코딱지만 한 히어로지만, 우리 동네의 평화와 안전을 위해 내가 나서야 한다.

우리는 발걸음도 가볍게 공자네 중국집으로 향했다.
나는 짜장면 곱빼기로 먹을 거다.

후후, 실력이 나쁘지는 않군.
빨간 내복, 다음 사건도 해결하나 보자고.

그때 어두운 골목에서 누군가의 음침한 웃음이 들려왔다. 난 순간 위험을 감지하고는 공자와 희주를 먼저 보내고 골목 안을 살폈다. 하지만 고양이 한 마리가 황금빛 눈을 동그랗게 뜨고 있을 뿐이었다.

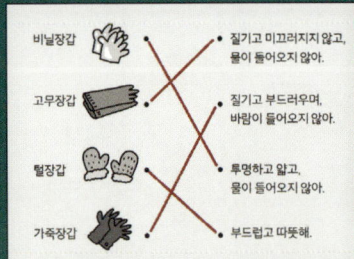
32쪽

34쪽

53쪽

54쪽